LEMERCIER DE NEUVILLE

LE
VOL-AU-VENT

COMÉDIE EN UN ACTE

Pour Jeunes Filles

PARIS

LIBRAIRIE THÉATRALE

14, RUE DE GRAMMONT, 14

1891

LE

VOL-AU-VENT

COMÉDIE EN UN ACTE

A LA MÊME LIBRAIRIE

DU MÊME AUTEUR :

PIÈCES POUR LA JEUNESSE

Les Avocats.
Les Amis de Province.
L'Atelier de peinture.
Le Billet de Loterie.
La Cigale et la Fourmi.
Les Doctoresses.
Le Crime de Moutiers.
Les Cuisinières.
Les Deux Mères.
Le Diable.
Le Général Pruneau de Tours.

La Malade imaginaire.
Le Pâté.
Le Premier Bal.
Treize a table.
Les Petits Souliers.
Une Perle.
Les Brevets de Margot.
Le Vol-au-vent.
Le Désespoir de Louison.
Le Trésor imaginaire.
Le Sac de Scapin.

PIÈCES POUR L'ENFANCE

Les deux Gascons.
L'École Buissonnière.
Five o clock tea.
Nô.

La Petite Princesse.
Rêves d'avenir.
Poucet et Poucète.

MONOLOGUES

Le Bœuf et la Grenouille.
Bonsoir Maman.
Le Chagrin de Bébé.
La Maladroite.
Oh ! Maman !

Prière naïve.
Le Petit Ramoneur.
Une Tempête dans un Berceau.

IMPRIMERIE GÉNÉRALE DE CHATILLON-SUR-SEINE. — M. PEPIN.

LE
VOL-AU-VENT

COMÉDIE EN UN ACTE

PAR

LEMERCIER DE NEUVILLE

PARIS

LIBRAIRIE THÉATRALE

14, RUE DE GRAMMONT, 14

—

1891

PERSONNAGES

OCTAVIE, jeune fille, 18 ans.
JEANNINE, son amie, jeune veuve, 20 ans.
MADELON, servante, 17 ans.

LE
VOL-AU-VENT

Salle a manger d'été ouvrant par de larges baies sur un jardin.
— A gauche, premier plan, chambre de Jeannine ; second plan,
chambre d'Octavie ; à droite, premier plan, porte de la cuisine.
—Second plan, buffet avec crédence couvert de vaisselle, de
fruits. — Table ronde au milieu. — Chaises. Fauteuils.

SCÈNE PREMIÈRE

MADELON, sortant de la chambre d'Octavie.

Non ! Si ça continue j'rendrai mon tablier ! La
maison est comme une écurie, et surtout la chambre
de mademoiselle Octavie, l'amie de madame, qui est
depuis une quinzaine avec nous ! Tout ce qu'elle
trouve dans les champs, elle le rapporte : c'est une
caverne à hommes ! (Capharnaüm.) Je viens de lui mettre encore dans sa chambre des cartons qu'elle a
commandés à la ville ! Dans huit jours ça sera plein
et il lui en faudra d'autres ! Elle en a déjà haut comme

ça. (Elle lève le bras.) Là-dedans, il y a de tout. C’est des papillons, c’est des fleurs des champs, c’est des bêtes de toutes sortes. Y en a qui ont des cornes ; y en a qui ont des queues ; y en a qui ont des ailes ; y en a qui ont des pattes ! Et des vers ! Pouah ! Y a une boîte où il y a des gros vers blancs, sur des feuilles de mûrier qu’ils mangent, oh ! ce qu’ils mangent ! Et puis après ils se fourrent dans les coins et s’emmaillotent dans des fils tout petits... C’est des vers à soie, qu’elle dit ! Avec ça on fait des robes ! Plus souvent que j’croirais ça ! — Elle a aussi des cages où il y a des lézards, des crapauds, des grenouilles ! On n’a pas idée de c’qu’elle a ! Alle dit qu’elle apprend avec ça l’histoire naturelle... Moi, ça ne me paraît pas naturel du tout ! Y a de la sorcellerie là-dedans ! D’abord elle a un crapaud et les crapauds c’est des sorciers ! Oh ! mais, j’fais attention à moi ! J’veux pas qu’all’ m’touche ! Quand all’ me r’garde, j’baisse les yeux, à cause du mauvais œil... Ben sûr, un jour ou l’autre, il arrivera du mal à madame !

SCÈNE II

MADELON, JEANNINE.

JEANNINE.

Est-ce que mademoiselle Octavie est rentrée ?

MADELON.

Pas encore, madame, all’ est allée au bout du parc là où c’ qu’il y a le petit bois... J’parie qu’all’ va nous rapporter encore une brassée de toutes sortes d’herbages...

JEANNINE.

Madelon, je vous ai déjà défendu de parler ainsi, vous êtes trop familière.

MADELON.

Comment donc qu'il faut dire ?

JEANNINE.

On parle à la troisième personne, on dit : Mademoiselle Octavie est allée au bout du parc. Et puis je ne veux pas non plus que vous fassiez des observations sur ce que fait mon amie. Vous êtes une ignorante, vous ne savez pas que chacune de ces plantes a un nom et une vertu, qu'il y en a de très curieuses, et qu'enfin mon amie a grand plaisir à étudier ainsi d'après nature.

MADELON.

Ces plantes-là des vertus? C'est d' l'herbe aux vaches ! — Et son crapaud qu'elle a dans sa chambre ?

JEANNINE.

D'abord ce crapaud est une grenouille. Une Rainette qu'elle a mise dans un bocal et qui monte à l'échelle quand il fait beau. Mais il me semble, Madelon, que vous vous mêlez de ce qui ne vous regarde pas?

MADELON.

Mon Dieu, madame, c'est dans votre intérêt : crapaud ou grenouille, ce n'est point sain dans une maison. Ça porte malheur !

JEANNINE, à part.

On n'est pas sotte comme cette fille! (Haut.) Voyons, assez causé, Madelon. Il faut songer au déjeuner. Ce matin, vous nous ferez un vol-au-vent. J'ai dit au pâtissier d'apporter la pâtisserie et les quenelles. Vous apprêterez les champignons, les truffes et le reste. Et surtout n'oubliez rien !...

MADELON.

J'vous en ai déjà fait, madame, et qu'étaient bons !
Et puis j'ai là mon livre, avec ça je ne me trompe
jamais. C'est qu'on sait lire !

JEANNINE, riant.

Lire ! Epeler tout au plus... mais ça suffit ! Allons !
ne baguenaudez pas.

MADELON.

Baguenauder !

JEANNINE.

Oui, vous êtes flâneuse ! Vous n'en finissez pas ! Et
puis vous répondez toujours, je n'aime pas ça ! Je
vous l'ai déjà dit bien des fois...

MADELON, à elle-même.

Dame, si je n'causais pas avec les maîtres, j'par-
lerais à personne ! J'suis toute seule ici et je n'sors
pas.

JEANNINE.

Eh bien allez, allez, Madelon !

MADELON, se retirant, à part.

J'en suis toujours pour ce que j'ai dit. Les crapauds ou les grenouilles, ça porte malheur !

Elle sort à droite.

SCÈNE III

JEANNINE.

Il faudra, cet hiver, quand je serai seule avec elle,
que je m'occupe de l'instruction de cette brave fille :
elle est trop ignorante. Quelle heure est-il ? (Elle regarde sa montre.) Dix heures et demie : Octavie ne va

pas tarder à rentrer. J'avais tant de choses à faire
ce matin que je n'ai pas pu l'accompagner dans sa
promenade, ce que je regrette, car je ne trouve rien
de plus amusant que d'herboriser avec elle. Je n'y
entends rien, mais elle connaît tout, plantes, insectes,
papillons, et nous faisons des récoltes précieuses.
Moi, j'aime la campagne, comme elle, mais pas de la
même façon! C'est la basse-cour qui me ravit. Les
poules, les pigeons, les dindons, tout ce petit monde
me connaît et, quand j'arrive, se groupe autour de
moi; et ce sont des batailles quand je jette une poi-
gnée de graines : les pigeons escaladent les poules
qui sont bousculées par les dindons ; les moineaux
effrontés se mêlent de la partie et tout cela fait un
vacarme infernal ! – Cela me fait penser qu'ils n'ont
pas eu encore leur provende ce matin et que je n'ai
pas encore visité les nids; j'ai justement besoin d'œufs
pour la cuisine; allons les dénicher.

Elle sort à droite.

SCÈNE IV

OCTAVIE, entrant par le fond.

Elle a une toilette simple de campagne et porte en bandoulière
une boîte verte de naturaliste. D'une main elle tient un filet à
papillons et de l'autre un panier rempli de champignons.

Je crois que je me suis attardée, mais, ma foi, j'ai fait
une si bonne cueillette que je serai excusée! D'abord
des champignons énormes ! Je n'en ai jamais vu de
cette espèce-là, ce sera curieux à analyser. (Elle pose
le panier sur la table.) Et puis, (Ouvrant sa boîte.) des papillons splendides ! (Elle montre des papillons piqués sur un
liège avec de grandes épingles.) Quelles couleurs! Et puis
des plantes de toutes sortes ! Allons ranger tout cela.
— Je deviens folle de botanique et d'histoire natu-

1.

relle ! Jamais je n'aurai passé de meilleures vacances ! Et puis Jeannine, ma bonne amie, se prête si bien à mes fantaisies ! Elle est si bonne pour moi ! Aussi pour la remercier, je lui laisserai un bel herbier où les plantes conserveront leurs couleurs naturelles, et quand je ne serai plus là, quand les jardins seront dépouillés et couverts de neige, elle se croira en plein été, en le feuilletant, et elle pensera à moi.

Elle entre dans sa chambre à gauche et oublie sur la table son panier de champignons.

SCÈNE V

JEANNINE, rentrant par la droite au moment où Octavie sort ; elle apporte quatre œufs dans sa main.

Là, voilà qui est fait ! — Mes petits pensionnaires sont gavés. Nous recommencerons la distribution à quatre heures. Mesdames mes poules ont bien mal travaillé par exemple ! quatre œufs seulement ! Ça ne me paye pas ma nourriture ! Enfin nous nous en contenterons ce matin. (Appelant.) Madelon !

SCÈNE VI

JEANNINE, MADELON.

MADELON.

Madame !

JEANNINE, lui donnant les œufs.

Tenez, voilà des œufs, vous nous les servirez à la coque.

MADELON.

Bien, madame !

JEANNINE, apercevant le panier de champignons.

Qu'est-ce que cela ? — Des champignons ! C'est sans doute le jardinier qui vient d'apporter cela ? — Prenez ce panier. — Cela servira pour le-vol-au vent.

MADELON.

Oui, madame.

JEANNINE.

Et ne vous mettez pas en retard ?

MADELON.

Je serai prête dans cinq minutes.

Elle sort en emportant les œufs et le panier de champignons.

SCÈNE VII

JEANNINE, puis OCTAVIE.

JEANNINE.

Cinq minutes ! Et le couvert n'est pas mis ! Nous ne déjeunerons jamais ! Je vais faire sa besogne. (Elle va au buffet et met la nappe sur la table.) Ces domestiques ! Ça ne sait pas faire deux choses à la fois.

OCTAVIE, entrant, regardant la table. — A part.

Je croyais avoir mis là mon panier... Je l'aurai posé dehors. (Apercevant Jeannine et allant l'embrasser.) Bonjour, Jeannine !

JEANNINE, mettant le couvert en causant.

Bonjour, ma chère Octavie ! As-tu fait bonne promenade ?

OCTAVIE.

Excellente ! Mais tu me manquais.

JEANNINE.

Tu me manquais aussi.

OCTAVIE.

Laisse-moi t'aider.

JEANNINE.

Non, non... J'ai fini.

OCTAVIE, aidant Jeannine.

Mais si ! Comme autrefois, en pension, quand nous faisions la dînette...

JEANNINE.

En pension ! Comme il est déjà loin ce temps-là !

OCTAVIE.

Loin ? Dis que tu l'as trouvé long. Il n'y a que deux ans que tu nous as quittées.

JEANNINE.

Oui, pour me marier et être veuve presque aussitôt.

OCTAVIE.

Mais te voilà Madame, et tu es châtelaine ! Tu ne t'ennuies pas un peu quelquefois ?

JEANNINE.

Jamais ! D'abord je suis toujours occupée, et puis on vient me voir beaucoup... Et puis j'ai l'habitude de la solitude. — Je suis orpheline, comme tu sais, alors j'ai souvent été seule...

OCTAVIE.

Excepté à la pension ?

JEANNINE.

C'est vrai ! Je la regrette quelquefois.

OCTAVIE.

Te rappelles-tu mademoiselle des Encablures?

JEANNINE.

Notre sous-maîtresse, qui était bossue et bancale?
Elle marchait comme cela! (Elle hausse une épaule et
marche en boitant.) Qu'est-elle devenue?

OCTAVIE.

Elle est mariée !

JEANNINE.

Tu plaisantes ?

OCTAVIE.

Non. Elle a épousé le petit professeur de danse. Ils
ont monté un cours.

JEANNINE.

Un cours de danse ?

OCTAVIE.

Oui. Un cours de danse et de déclamation. Tu sais
que mademoiselle des Encablures avait la manie
des vers.

JEANNINE.

Je crois même qu'elle en faisait.

OCTAVIE.

Comment, si elle en faisait ? Tu ne te rappelles
donc plus les *Petits oiseaux*?

JEANNINE.

Les *Petits oiseaux* ! Oui... j'ai un vague souve-
nir.

OCTAVIE.

C'est son chef-d'œuvre ! Elle nous faisait apprendre ses vers, qui étaient, disait-elle, un modèle du genre. Je les sais par cœur. Écoute :

Elle declame, une assiette à la main.

> « Les oiseaux sont des fleurs ailées
> » Qui volent le long des allées,
> » Des bois touffus, et des ruisseaux.
> » Mais les fleurs n'ayant pas des ailes,
> » Leurs parfums s'envolent pour elles
> » Comme font les petits oiseaux ! »

Tu vois : ces oiseaux qui sont des fleurs et ces parfums qui sont des oiseaux !

JEANNINE.

C'est très drôle !

OCTAVIE.

Tu vas voir, ce n'est pas fini :

> « Oiseaux charmants, fleurs parfumées,
> » N'est-ce pas vous, mes bien-aimées,
> » Fillettes aux fraiches couleurs ?
> » Oui, mes enfants : les jeunes filles
> » Qui voltigent sous les charmilles
> » Sont à la fois oiseaux et fleurs! »

Ainsi les jeunes filles, les oiseaux, les fleurs, tout ça, ça ne fait qu'un : l'oiseau c'est la fleur, la fleur c'est la jeune fille, la jeune fille c'est l'oiseau, c'est la fleur, tra la la la la la!... *(En chantant elle fait un geste et casse l'assiette.)* Oh! maladroite ! Pardon, ma chère amie.

JEANNINE.

Ça, ça n'est plus de la poésie! Mais dis-moi, qui est-ce qui a cassé l'assiette? La fleur? La jeune fille ou l'oiseau ?

OCTAVIE.

Je crois bien que c'est l'oiseau, car je suis une étourdie...

JEANNINE.

Ça n'y fait rien ! mettons-nous à table. (Elles s'asseyent.) Madelon !

SCÈNE VIII

JEANNINE, OCTAVIE, MADELON.

MADELON, entrant.

Tiens ! Vous avez mis le couvert ! J'allais le mettre.

JEANNINE.

En retard ! comme d'habitude. Donnez-nous les œufs.

MADELON.

Oui, madame.

Elle va chercher les œufs.

JEANNINE.

Et ce sont ces vers-là qui ont séduit le professeur de danse ?

OCTAVIE.

Sans doute ! Il veut faire avec ça un ballet. Un ballet d'oiseaux, de fleurs et de jeunes filles.

JEANNINE.

Comme tous les ballets !

Madelon sert les œufs et sort.

OCTAVIE.

Ma promenade m'a mise en appétit. Je sens que je vais dévorer.

JEANNINE.

Tant mieux ! Tu as trouvé de belles choses ?

OCTAVIE.

Oui. Oh ! j'ai des papillons superbes ! Tiens ! J'y songe, mademoiselle des Encablures a oublié les pa- pillons dans sa nomenclature. Voilà qui est bien plus une fleur ailée que les oiseaux.

JEANNINE.

C'est vrai ! (Elle sonne. Madelon entre.) Le vol-au-vent ! Desservez d'abord. (Madelon dessert et va chercher le vol-au-vent.) Tu as trouvé des plantes nouvelles ?

OCTAVIE.

Des fougères et des mousses ! Tu n'as pas d'idée de la richesse des mousses. malheureusement il est bien difficile de les conserver dans leur fraîcheur. Elles sont d'un vert émeraude éclatant. Il y en a qui sont surmontées de petites fleurs rosées piquées sur des fils microscopiques. J'avais emporté ma loupe, je ne pouvais me lasser de les regarder.

Madelon apporte le vol-au-vent et sort.

JEANNINE, servant Octavie.

Comme tu es heureuse de t'y connaître ! — Un peu de croûte ?

OCTAVIE.

Merci. — Moi, tu sais je redoute la mer, je suis toujours malade et puis je ne suis pas très brave : eh bien, si l'on voulait m'emmener herboriser en Amé- rique où la flore est si belle, je crois que j'accepte- rais !

JEANNINE.

Eh bien, si jamais je vais par là, je t'emmène. Ça ne sera peut-être pas de sitôt, par exemple. En at- tendant nous ferons des excursions ici. Cet après- midi, par exemple, si tu n'es pas trop fatiguée, je te conduirai dans une vieille ruine où tu trouveras des mousses en profusion...

OCTAVIE.

Et des champignons aussi ! Voilà encore une étude
intéressante !

JEANNINE.

Quand ils sont bons !

OCTAVIE.

Quand ils sont mauvais aussi ! J'en ai cueilli ce
matin d'une espèce toute particulière, je vais te les
montrer. (Elle se lève et cherche.) Je ne sais pas où j'ai
déposé mon panier...

JEANNINE.

Tu avais recueilli des champignons ?

OCTAVIE.

Oui ! d'énormes ! Pas bons à manger, par exemple.

JEANNINE, commençant à être inquiète.

Et où les avais-tu mis ?

OCTAVIE.

Je ne sais pas ! — Sur la table, je crois, mais je
ne les trouve plus.

JEANNINE, effrayée.

Oh ! mon Dieu !

OCTAVIE, courant à elle.

Quoi ? Qu'est-ce que tu as ? Tu es toute pâle.

JEANNINE.

Je suis pâle ?

OCTAVIE.

Oui, tu es pâle ! Qu'as-tu ? Tu souffres...

JEANNINE.

Je... j'ai... est-ce que...

OCTAVIE.

Mais réponds-moi, Jeannine, tu m'inquiètes ?

JEANNINE.

Je sens... comme un feu (Montrant son estomac.) là !
Ça me serre, ça m'étreint, tout tourne !... Je vais
tomber... soutiens-moi... Ah !

Elle s'évanouit.

OCTAVIE.

Ah ! mon Dieu ! Elle se trouve mal ! Que faire ? Je
ne sais pas, moi ! Jamais je n'ai soigné cette maladie-
là... Madelon ! Madelon !...

SCÈNE IX

OCTAVIE, JEANNINE, MADELON.

MADELON, accourant effrayée.

Q'est-ce qu'il y a ?

OCTAVIE.

Votre maîtresse se trouve mal ! Que faut-il faire ?...

MADELON.

Oh ! mon Dieu ! Mais... d'abord il faut desserrer
madame...

OCTAVIE.

Oui... oui... ça lui fera du bien, mais il faut qu'elle
revienne à elle. (Elle lui tape dans la main.) Jeannine !
Jeannine ! reviens à toi...

MADELON.

Oh! mon Dieu ! mon Dieu ! mon Dieu !

OCTAVIE.

Eh bien quoi ? Au lieu de vous lamenter, comme
ça, allez chercher quelque chose ; il faut la faire re-
venir... Avez-vous des sels ?

MADELON.

Du sel ?...

OCTAVIE.

Non ! des sels ! du vinaigre... Ah ! oui, du vinaigre
pour lui faire respirer. Je suis tellement troublée que
je n'y pensais pas.

MADELON, courant autour de la scène.

Du vinaigre ! du vinaigre!... oui, j'en ai... Ah ! pauvre madame !... Du vinaigre, j'sais pas où je l'ai mis...
Ah ! dans ma cuisine.....

Elle sort.

OCTAVIE.

Mais dépêchez-vous donc ! Jeannine ! Jeannine !
m'entends-tu ?

MADELON, revenant avec un bocal de cornichons.

J'n'ai pas trouvé le vinaigre mais voilà des cornichons, ils sont au vinaigre, ça fera la même chose!...

OCTAVIE.

Donnez ! — Et puis allez chercher le médecin....
Allez ! courez ! volez ! ramenez-le ! tout de suite...

MADELON.

Oui ! oui, mademoiselle... (En sortant.) Qu'est-ce que
je disais ? C'est le crapaud ! Ça porte toujours malheur !

Elle sort par le fond.

SCÈNE X

OCTAVIE, JEANNINE.

OCTAVIE, mettant du vinaigre sur une serviette et le faisant
respirer à Jeannine.

Jeannine ! Jeannine ! reviens à toi.

JEANNINE, reprenant ses sens.

Oh ! mon Dieu !

OCTAVIE, à part.

C'est une fausse digestion ! — (Haut.) Jeannine, eh
bien ? reviens à toi... ce n'est rien !...

JEANNINE.

J'ai cru que j'allais mourir !

OCTAVIE.

Mourir ! Allons donc... c'est une indisposition... Là,
tu es mieux maintenant, je le vois à tes yeux... tes
couleurs reviennent.

JEANNINE.

Mais toi, tu n'es pas malade... ?

OCTAVIE.

Moi ! pas du tout, pourquoi veux-tu que je sois
malade ?

JEANNINE, à part.

Elle n'en aura pas mangé !... cependant...

OCTAVIE.

Eh bien ! ça va mieux ?

JEANNINE.

Oui, merci ! je souffre moins... Oh ! quelle an-
goisse !

OCTAVIE.

J'ai envoyé Madelon chercher le médecin, cela te
rassure... dis ?

JEANNINE.

Tu as bien fait... Mais tu ne souffres pas ?

OCTAVIE.

Ah ! ça, voyons, pourquoi veux-tu que je souffre ?

JEANNINE, montrant sa poitrine.

Là ! tu ne sens rien ?

OCTAVIE, étonnée.

Rien du tout !

JEANNINE.

Tu n'as pas d'étourdissements ?...

OCTAVIE, id.

Aucun !

JEANNINE.

C'est singulier !

OCTAVIE.

Te sens-tu mieux ?

JEANNINE.

Oui, je suis mieux en ce moment... mais ça ne durera pas !

OCTAVIE.

Comment ? ça ne durera pas ?

JEANNINE.

Non ! C'est sans doute la première crise... mais il y en aura d'autres et alors...

OCTAVIE.

Alors ?

JEANNINE.

Mais tu ne vois donc pas que je suis empoisonnée !

OCTAVIE.

Empoisonnée ! comment ?

JEANNINE.

Ce vol-au-vent...

OCTAVIE.

Eh bien ? Madelon aurait empoisonné le vol-au-vent ?

JEANNINE.

Ce n'est pas Madelon... c'est moi....

OCTAVIE.

Toi ! tu déraisonnes ! (A part.) Est-ce qu'elle devient folle ?

JEANNINE.

Oui, moi ! J'avais dit à Madelon de mettre les champignons dans le vol-au-vent.

OCTAVIE, anxieuse.

Les champignons ? quels champignons ?

JEANNINE.

Mais ceux qui étaient sur la table ! les tiens !

OCTAVIE, se trouvant mal.

Ah ! malheureuse !

JEANNINE, secourant Octavie.

Octavie! pardon ! c'est ma faute ! mais je ne savais pas ! Octavie !... oh ! mon Dieu ! (Elle prend la serviette trempée de vinaigre.) Reviens à toi ! Octavie ! Pardon ! j'ignorais... je croyais que c'était le jardinier qui les avait apportés. Octavie !

OCTAVIE, revenant peu à peu à elle.

Où suis-je ?... Que s'est-il passé ? Ah ! les champignons !

JEANNINE, pleurant.

Pardon ! c'est moi ! pardon.

OCTAVIE.

Ah ! qu'as-tu fait ? nous sommes perdues !

JEANNINE.

Ma pauvre Octavie!

OCTAVIE.

Ma pauvre Jeannine!

Elles se jettent dans les bras l'une de l'autre.

JEANNINE.

Oui ! mais le docteur va venir, il nous sauvera.

OCTAVIE.

Qu'il se dépêche alors !

JEANNINE.

Est-ce que tu souffres ?

OCTAVIE.

Non ! Je ne sens rien, mais le mal n'en existe pas moins !...

JEANNINE.

C'est comme moi ! je n'éprouve aucune douleur.

OCTAVIE.

Sens-tu une grande soif ?

JEANNINE.

Oui, je boirais bien un peu.

OCTAVIE.

Moi aussi... de l'eau et du vin, ça ne peut pas nous faire de mal.

JEANNINE.

Au contraire !

Elles boivent.

OCTAVIE.

C'est bon !

JEANNINE.

Ça nous calme pour le moment. Tâte donc mon pouls.

Elle tend sa main.

OCTAVIE.

C'est vrai ! Tiens! voici ma main aussi.
Elles se tâtent mutuellement le pouls.

ENSEMBLE, comptant lentement.

Une, deux, trois, quatre, cinq, six...

OCTAVIE.

Il n'est pas très agité ?

JEANNINE.

Au contraire, il me semble qu'il est plus lent qu'a-
vant... c'est un signe... c'est que le sang se refroi-
dit ?...

OCTAVIE.

Je n'ai pourtant pas froid aux mains. Montre ta
langue.

JEANNINE.

Au fait, c'est vrai ! Toi aussi...
Elles se montrent mutuellement leur langue.

OCTAVIE.

Rose ! pas blanche du tout.

JEANNINE.

C'est comme toi ! — Ça viendra, l'effet n'est pas
encore produit ?...

OCTAVIE.

C'est le médecin qui devrait bien venir ! Si nous
savions encore que faire en l'attendant ?...

SCÈNE XI

OCTAVIE, JEANNINE, MADELON.

MADELON, accourant.

Madame ! Mademoiselle ! Ah ! j'ai couru tout le temps !

OCTAVIE.

Eh bien ?

MADELON.

Je suis allée chez le médecin...

JEANNINE.

Où est-il ? Il vient ?

MADELON.

Non, madame ! Il n'était pas pas là, il ne rentrera qu'à cinq heures !

OCTAVIE.

A cinq heures ! Tout sera fini à ce moment-là !...

JEANNINE, à Madelon.

Desservez la table ! Laissez-nous !

MADELON.

Mais il faut manger, madame, ça vous remettra !

OCTAVIE, vivement.

Mais enlevez cela, puisqu'on vous le dit, et laissez-nous.

MADELON.

Oui, mademoiselle ! on s'en va ! — Elles n'ont pas faim ! C'est pas comme moi, mon vol-au-vent était si réussi, elles le laissent ! Eh bien, tant mieux, j'en aurai ma part !

Elle emporte la desserte et le vol-au-vent.

SCÈNE XII

OCTAVIE, JEANNINE.

OCTAVIE, se levant et allant chercher dans sa chambre du papier, de l'encre et des plumes.

Allons ! Il faut tout prévoir !

JEANNINE.

Où vas-tu ?

OCTAVIE.

Je reviens de suite.

JEANNINE.

C'est singulier ! Je n'éprouve plus rien. Si je n'avais pas mangé ces champignons, je croirais que... oui, mais j'en ai mangé et je me suis trouvée mal...

OCTAVIE, revenant et posant le papier sur la table.

Je vais écrire mes dernières volontés, faire mes adieux à... (Elle pleure.) Ah ! ah ! ah !

JEANNINE, pleurant à son tour.

Et moi aussi ! Ah ! ah ! ah !

Elles s'assoient près de la table et écrivent.

OCTAVIE.

« Au moment de quitter la vie... »

Elle continue tout bas.

JEANNINE.

» Qu'on n'accuse personne de ma mort !... C'est moi seule qui...» (Se levant tout à coup.) Oh ! mon Dieu !

OCTAVIE, se levant effrayée.

Quoi ! Un autre accès !

JEANNINE.

Ah ! nous l'avons échappé belle !...

MADELON, réfléchissant.

C'est du poison ! (Prenant à part Octavie.) Dites donc,
mam'zelle, si on les donnait à manger au crapaud ?
Il aimerait peut-être ça ! (A part.) Et j'en serais dé-
barrassée !

FIN

Imprimerie générale de Châtillon-sur-Seine. — M. Pepin.